DENKEN, SNEL EN LANGZAAM

Samenvatting en analyse uit het boek
van Daniel Kahneman

DENKEN, SNEL EN LANGZAAM

Samenvatting en analyse uit het boek van Daniel Kahneman

geschreven door Dries Glorieux
vertaald door Nikki Claes

50MINUTES.com

DENKEN, SNEL EN LANGZAAM

EEN BOEK OVER DE DENKFOUTEN DIE DE MENSELIJKE BESLUITVORMING KUNNEN SCHADEN

Vanaf de jaren 1970 hebben Daniel Kahneman en zijn langdurige medewerker Amos Tversky de conventionele wijsheid op zijn kop gezet door diep te graven in de (gebrekkige) mechanismen die mensen gebruiken om beslissingen te nemen. 40 jaar later zijn de inzichten van Kahneman en Tversky samengebracht in *Thinking, Fast and Slow* met als doel ze onder een breder publiek te brengen dan tot nu toe het geval was.

Het boek identificeert twee verschillende denksystemen (simpelweg Systeem 1 en Systeem 2 of Fast en Slow genoemd) en verduidelijkt de bron van deze mechanismen en de omstandigheden waarin deze kunnen optreden. De middelste hoofdstukken gaan dieper in op enkele van de specifieke mechanismen die in de artikelen van Kahneman en Tversky uit de jaren zeventig werden geïdentificeerd en op hoe zij relevant blijven voor discussies vandaag de dag.

Het boek is de bekroning van vier decennia onderzoek naar menselijke besluitvorming door Daniel Kahneman en het leidt een nog steeds toenemende golf van onderzoek naar de onderwerpen in het boek.

BELANGRIJKE INFORMATIE

Referentie-uitgave: Kahneman, D. (2011) *Thinking, Fast and Slow*. New York: Penguin.**Eerste druk:** 2011

Auteur: Daniel Kahneman (Israëlisch-Amerikaanse psycholoog en econoom, geboren op 5 maart 1934)

Thema's: psychologie, economie

Trefwoorden:

- <u>Heuristiek</u>: een mentale 'shortcut' die mensen gebruiken om oordelen te vellen in complexe situaties waarin er onvoldoende bewijs is om een volledig onderbouwd oordeel te vormen.

- <u>Vertekeningen</u>: een systematische afwijking van een bepaalde norm of rationaliteit in het oordeel als gevolg van het voortdurende gebruik van heuristieken.

- <u>Prospecttheorie</u>: het beschrijvende model dat door Kahneman en Tversky werd geïntroduceerd om besluitvorming in de praktijk te analyseren in tegenstelling tot optimale besluitvorming. Het model stelt dat mensen niet beslissen op basis van potentiële uitkomsten, maar op basis van het gewicht dat wordt toegekend aan potentiële verliezen en winsten. Hoe waarschijnlijk deze verliezen en winsten zijn, wordt beïnvloed door heuristieken.

- <u>Verankering</u>: een specifieke heuristiek die de perceptie van het belang bij het nemen van een beslissing beïnvloedt doordat bepaalde informatie als eerste wordt gepresenteerd. Op basis van deze informatie zal een persoon een oordeel vormen over latere informatie, waardoor het oordeel wordt beïnvloed ten gunste van het eerste stuk informatie.

- <u>Schenkingseffect</u>: een heuristiek die de discrepantie verklaart tussen de waarde die wordt gehecht aan iets wat men reeds bezit en de waarde die wordt gehecht aan iets wat men niet bezit, ondanks het feit dat deze twee artikelen dezelfde waarde hebben. Mensen zijn minder bereid afstand te doen van iets wat zij bezitten in ruil voor iets anders van gelijke waarde. In economische termen vertaalt dit zich in een groot verschil in de zogenaamde bereidheid om te betalen (wat men bereid is te betalen voor een goed) en de bereidheid om te aanvaarden (het minimumbedrag dat men bereid is voor een goed te aanvaarden om er afstand van te doen).

- <u>Beschikbaarheid</u>: de mentale snelkoppeling die een groter belang toekent aan de herinnering aan dingen. Dingen die levendig in iemands gedachten zijn, worden als belangrijker gezien. Bijvoorbeeld: vliegtuigongelukken komen zelden voor, maar door hun grote zichtbaarheid zijn ze voor veel mensen die een vliegtuig moeten nemen een frequente bron van angst. Auto-ongelukken daarentegen gebeuren veel vaker, maar er wordt niet zo veel over gesproken, omdat ze minder opvallend zijn.

CONTEXT

DE AUTEUR

Daniel Kahneman werd op 5 maart 1934 geboren in Tel Aviv in het toenmalige Mandaristische Palestina. Hij studeerde psychologie met een minor in wiskunde aan de Hebreeuwse Universiteit van Jeruzalem, waarna hij voor het Israëlische leger werkte tot hij in 1958 naar de Verenigde Staten vertrok voor een doctoraalstudie psychologie aan de Universiteit van Californië, Berkeley. Sindsdien is hij werkzaam als academicus emeritus hoogleraar psychologie en publieke zaken aan de Princeton Universiteit.

Hij is vooral bekend door zijn langdurige samenwerking met de psycholoog Amos Tversky, met wie hij het onderzoek naar besluitvorming uitvoerde dat hem in 2002 de Nobelprijs voor Economische Wetenschappen opleverde (Tversky overleed in 1996). Naast de Nobelprijs heeft hij in 2013 ook de Presidential Medal of Freedom ontvangen. Zijn academische invloed heeft zich buiten het gebied van de psychologie verspreid naar andere gebieden, zoals de economische en politieke wetenschappen, wat blijkt uit de maar liefst 350 000 citaties in Google Scholar. Zijn onderzoek heeft vooral een zeer belangrijke rol gespeeld bij de oprichting van de gedragseconomie, dankzij zijn jarenlange samenwerking met Richard Thaler, de Nobelprijswinnaar van 2017. Kahneman was getrouwd met de cognitieve psychologe Anne Treisman van 1978 tot haar dood in 2018 en heeft twee kinderen.

CONTEXT EN ACHTERGROND

De opkomst van de literatuur over biases en heuristieken in de psychologie viel samen met de opkomst van de gedragseconomie, die zou uitgroeien tot een belangrijk deelgebied van de economische discipline. Heuristieken en biases zijn specifieke voorbeelden van (onbewuste) technieken die worden gebruikt als onderdeel van wat de politicoloog en econoom Herbert Simon identificeerde als gebonden rationaliteit (1955). Als gevolg van aangeboren cognitieve beperkingen van de mens en de beperkingen opgelegd door de omgeving waarin hij leeft, kan hij niet volledig rationeel handelen en maakt hij gebruik van bepaalde sluipwegen (heuristieken en biases).

Zoals zojuist vermeld, was Herbert Simon een pionier in de studie van besluitvorming onder imperfecte omstandigheden door de concepten van gebonden rationaliteit en satisficing te introduceren en uit te werken. Satisficing is een beslissingsstrategie die een drempelbegrip van beschikbaarheid inhoudt. Het stelt dat individuen niet zoeken naar *het* best mogelijke alternatief, maar naar het alternatief dat voldoet aan een minimale reeks eisen.

SAMENVATTING VAN *THINKING, FAST AND SLOW*

Thinking, Fast and Slow vat een heleboel onafhankelijke onderzoeken van Kahneman en Tversky van de afgelopen vier decennia samen, maar gaat verder dan dat en biedt een conceptueel kader om te proberen te begrijpen *waarom* onze geest precies deze systematische fouten maakt. In het eerste hoofdstuk maakt Kahneman onderscheid tussen twee soorten gedachten:

- "*Systeem 1* werkt automatisch en snel, met weinig of geen inspanning en zonder gevoel van vrijwillige controle.

- *Systeem 2* wijst de aandacht toe aan de inspannende mentale activiteiten die dat vereisen, waaronder complexe berekeningen. De operaties van Systeem 2 worden vaak geassocieerd met de subjectieve ervaring van agency, keuze en concentratie" (blz. 20-21).

Systeem 1 is het automatische systeem dat voortdurend bij ons is, hoewel het meestal onbewust is. Kahneman noemt dit ons 'associatief geheugen'. Systeem 2 daarentegen is het gecontroleerde systeem waarop we minder vaak een beroep doen, omdat we in onze dagelijkse routines meestal niet zo vaak tegen complexe zaken aanlopen. Het punt dat Kahneman probeert over te brengen is dat deze twee systemen met elkaar in 'contact' staan en dat hun afstemming (of verkeerde afstemming) een cruciale rol speelt in waarom mensen vatbaar zijn voor fouten.

Gewoonlijk is de relatie tussen beide enigszins hiërarchisch:

<blockquote>

Systeem 1 en 2 zijn beide actief wanneer we wakker zijn. Systeem 1 draait automatisch en Systeem 2 bevindt zich normaal gesproken in een comfortabele spaarstand, waarin slechts een fractie van zijn capaciteit wordt aangesproken. Systeem 1 genereert voortdurend suggesties voor Systeem 2: indrukken, intuïties, bedoelingen en gevoelens. Als deze door systeem 2 worden onderschreven, worden indrukken en intuïties omgezet in overtuigingen, en worden impulsen omgezet in vrijwillige handelingen. Als alles goed gaat, wat meestal het geval is, neemt systeem 2 de suggesties van systeem 1 zonder veel wijzigingen over. (p. 24)

</blockquote>

Er ontstaan problemen wanneer zich omstandigheden voordoen die niet normaal zijn. In die omstandigheden kan de coördinatie tussen de twee systemen op hol slaan en verliest Systeem 2 zijn kracht als controleur van Systeem 1: "… Systeem 1 is over het algemeen zeer goed in wat het doet: zijn modellen van bekende situaties zijn accuraat, zijn voorspellingen op korte termijn zijn meestal ook accuraat, en zijn eerste reacties op uitdagingen zijn snel en over het algemeen passend. Systeem 1 heeft echter vooroordelen, systematische fouten die het in bepaalde omstandigheden geneigd is te maken" (blz. 25).

Wanneer dit gebeurt, moet systeem 2 het overnemen van systeem 1: "Wanneer systeem 1 in moeilijkheden komt, doet het een beroep op systeem 2 ter ondersteuning van meer gedetailleerde en specifieke verwerking die het probleem van het moment kan oplossen. Systeem 2 wordt gemobiliseerd wanneer zich een vraag voordoet waarop Systeem 1 geen antwoord biedt [...]" (p. 24). Systeem 2 is het systeem dat verantwoordelijk is voor wat wij zelfbeheersing noemen.

De volgende drie hoofdstukken gaan over de reeks fouten in ons denken die Kahneman en Tversky (en tot op zekere hoogte ook anderen) in de decennia sinds het begin van hun onderzoeksprogramma hebben vastgesteld. De meest prominente zijn de volgende:

- **Ankers:** ankers zijn referentiepunten die de perceptie van een bepaalde kwestie beïnvloeden. Op zich is dit niet verwonderlijk, want we gebruiken voortdurend referenties om dingen te begrijpen, maar het "euvel" is dat, ongeacht of het anker op enigerlei wijze relevant is voor de betreffende kwestie, het blijkbaar toch invloed heeft op hoe we de dingen waarnemen. Het boek geeft het voorbeeld van hoe twee willekeurige getallen op een rad van fortuin van invloed waren op de beslissing die mensen namen toen hen werd gevraagd hoe oud Gandhi was toen hij stierf. De getallen hadden geen direct verband met Gandhi's werkelijke leeftijd toen hij stierf (78 jaar), maar beïnvloedden niettemin het antwoord dat mensen gaven. Het eerste getal was 10 en het tweede 65. Het was voorspelbaar dat de mensen die 10 kregen gemiddeld een lagere schatting maakten van zijn leeftijd toen hij stierf dan de mensen die 65 kregen. Het effect is al jaren goed gedocumenteerd, maar de reden waarom mensen gevoelig zijn voor verankeringseffecten bleef tot voor kort onopgelost: "Twee verschillende mechanismen produceren verankeringseffecten – één voor elk systeem. Er is een vorm van verankering die optreedt in een bewust aanpassingsproces, een operatie van Systeem 2. En er is verankering die optreedt door een priming effect, een automatische manifestatie van Systeem 1" (p. 120).

- **Beschikbaarheid:** in zekere zin is de beschikbaarheidsheuristiek vergelijkbaar met de verankeringsheuristiek, omdat deze afhankelijk is van mensen die daadwerkelijk iets *zien* waardoor ze een verkeerde indruk van dingen krijgen. De beeldvorming speelt met onze geest, omdat het sterk inspeelt op de zwakheden van het eerste systeem:

> *"Een uiterst levendig beeld van dood en schade, voortdurend versterkt door media-aandacht en frequente gesprekken, wordt zeer toegankelijk, vooral als het wordt geassocieerd met een specifieke situatie, zoals de aanblik van een bus. De emotionele opwinding is associatief, automatisch en ongecontroleerd, en veroorzaakt een impuls voor beschermende actie. Systeem 2 kan "weten" dat de kans klein is, maar deze kennis neemt het zelfgegenereerde ongemak en de wens om het te vermijden niet weg. Systeem 1 kan niet worden uitgeschakeld. De emotie*

- **Het *endowment-effect***: het endowment-effect is, zoals eerder gezegd, wanneer de waarde die u toekent aan iets dat u persoonlijk bezit, groter is dan de waarde die u toekent aan een ander voorwerp dat u niet bezit, terwijl ze objectief gezien in feite precies dezelfde waarde hebben. Wat veroorzaakt deze discrepantie? De oorzaak ligt niet in een inherente eigenschap van de verschillende goederen, maar in het doel dat zij dienen: "Het onderscheidende kenmerk is dat zowel de schoenen die de handelaar u verkoopt als het geld dat u van uw budget voor schoenen uitgeeft, "in ruil" worden gehouden. Ze zijn bedoeld om te worden verhandeld voor andere goederen. Andere goederen, zoals wijn en kaartjes voor de Super Bowl, worden "voor gebruik" gehouden, om te worden geconsumeerd of anderszins van te genieten" (p. 294). Goederen die u wilt gebruiken, hebben voor u een hogere waarde dan ruilgoederen, dus wanneer u een mooie fles wijn heeft, zoals in het voorbeeld dat in het boek wordt gegeven, zult u er niet graag afstand van doen, tenzij het bedrag dat u krijgt aanzienlijk hoger is dan het bedrag dat u bereid was uit te geven om de fles te kopen.

IMPACT VAN *SNEL EN TRAAG DENKEN*

RECEPTIE

Een boek van een Nobelprijswinnaar dat een schat aan academisch onderzoek op elegante wijze samenvat, moet wel veel aandacht trekken en dat heeft het ook gedaan. Het boek werd uitvoerig besproken en geprezen en won prijzen als de *National Academy of Sciences Best Book Award*, een van de beste boeken van 2011 van *The New York Times Book Review*, een van *The Economist's 2011 Books of the Year* en een van *The Wall Street Journal's Best Nonfiction Books of 2011*.

Van het boek zijn sinds de eerste publicatie in 2011 meer dan anderhalf miljoen exemplaren verkocht, waardoor het in een aantal bestsellerlijsten is opgenomen, zoals de *New York Times Bestseller List*. Academisch gezien is het boek beoordeeld in order meer het *Journal of Economic Literature*.

Het is een van de weinige boeken van een academicus die erin slaagt de academische wereld en de mainstreamwereld te doorkruisen. Het boek wordt door academici gebruikt als leerboek bij cursussen psychologie en gedragseconomie of als onderdeel van een leeslijst voor een cursus.

KRITIEK OP DE BENADERING VAN KAHNEMAN

Hoewel de literatuur over heuristiek en biases in de academische wereld over het algemeen positief wordt ontvangen, is er toch enige kritiek op. Twee punten van kritiek in het bijzonder lijken het vermelden waard:

1. Het argument is aangevoerd dat irrationaliteit als gevolg van de werking van de heuristiek en de vooringenomenheid in het marktproces zou verdwijnen. Prijzen en allocaties zullen vanuit economisch oogpunt efficiënt worden, ondanks de psychologische factoren die een rol spelen. Een bijzonder voorbeeld hiervan is Milton Friedman's (1953) voorbeeld van dit mechanisme in financiële markten.

2. De tweede kritiek erkent de invloed van psychologische factoren op individueel gedrag, maar beweert dat dit alleen het gedrag in de marge beïnvloedt, terwijl standaard economische benaderingen zich bezighouden met gedrag van de eerste orde. Als zodanig heeft het geen invloed op de kernbeslissingen van individuen (of tenminste niet in enige zinvolle zin).

Deze kritiek is in het algemeen door empirisch onderzoek weerlegd, waardoor de doeltreffendheid van de besproken marktmechanismen in twijfel wordt getrokken.

Een krachtigere kritiek is die van Andrei Shleifer (2012). Het functionele onderscheid tussen Systeem 1 en Systeem 2 komt bij nadere beschouwing onder druk te staan. Is het werkelijk zo dat Systeem 2 een betrouwbare informatiecontrole biedt tegen fouten van Systeem 1? Shleifer wijst erop dat welke informatie Systeem 2 bezit, radicaal verschilt tussen mensen:

> *"... 20 x 20 berekenen is een moeiteloze taak van Systeem 1, grotendeels omdat economen geselecteerd zijn om er goed in te zijn en veel oefening hebben gehad. Maar voor veel mensen die geen expert zijn, is deze handeling moeizaam, of zelfs onmogelijk, en past deze handeling zeker in het domein van Systeem 2. Een lamp indraaien daarentegen is voor mij heel Systeem 2 [...]. Naarmate mensen kennis of expertise opdoen, veranderen de domeinen van de twee systemen."* (2012: 4)

Of Systeem 2 al dan niet fouten van Systeem 1 zal corrigeren, lijkt meer af te hangen van eigenschappen van de betrokken individuen en niet van een generaliseerbare verdeling van kennis tussen beide. Bovendien zijn de problemen in verband met de twee systemen theoretisch verschillend. Zoals Kahneman en Tversky hebben opgemerkt, falen mensen in Systeem 1-denken, omdat zij niet op de juiste manier over problemen denken. Mensen falen echter in Systeem 2-denken vanwege de eerder genoemde *bounded rationality*, wat betekent dat het oplossen van complexe problemen zelf beperkt is, ondanks dat we er bewust aandacht aan besteden (bijvoorbeeld: ondanks dat we op de juiste manier over deze problemen denken).

Systeem 1 en Systeem 2 blijken dus afzonderlijke mentale processen te zijn, waardoor Shleifer denkt dat de hiërarchische visie van Kahneman tussen 1 en 2 misschien niet wordt bevestigd door toekomstig onderzoek: "… elk van Systeem 1 en Systeem 2 blijkt een verzameling van afzonderlijke mentale processen te zijn. Systeem 1 omvat onbewuste aandacht, perceptie, emotie, geheugen, automatische causale verhalen, enz. Ik vrees dat, als de biologie van het denken eenmaal is uitgewerkt, wat er werkelijk in onze hoofden gebeurt waarschijnlijk niet netjes in kaart zal worden gebracht in snel en langzaam denken." (*ibid.*: 5)

ERFENIS

De ideeën in het boek hebben een aantal gebieden fundamenteel beïnvloed, zoals psychologie, economie, politicologie, het bedrijfsleven en financiën, zoals blijkt uit het werk van Robert Schiller, die in 2013 de Nobelprijs voor Economische Wetenschappen won voor zijn werk over *behavioural finance*. Zoals gezegd zijn mensen als Richard Thaler in de economie, maar ook Cass Sunstein in het recht, al heel lang nauw verbonden met de onderzoeksprojecten van Kahneman en Tversky.

Een bijzonder opmerkelijke uitwas van het onderzoeksprogramma inzake heuristiek en vertekeningen is de opkomst van het liberaal paternalisme. Thaler heeft hier samen met Sunstein nagedacht over het effect dat de aanwezigheid van cognitieve tekortkomingen kan hebben op het ontwerpen van beleid (zie de gids bij het boek *Nudge*, geschreven door hen). Het idee is dat overheden wat zij noemen een "keuzearchitectuur" kunnen invoeren: een reeks aanbevelingen die mensen ertoe aanzetten bepaalde keuzes te maken die volgens henzelf beter voor hen zijn. Deze beleidsnudges zouden juist beter werken, omdat ze inspelen op de psychologische voorkeuren van mensen.

SAMENVATTING

Kahneman definieert een aantal kernbegrippen met betrekking tot menselijke denkprocessen:

- **Systeem 1:** het systeem dat verantwoordelijk is voor het omgaan met de dagelijkse informatiestromen die we tegenkomen. Het is impulsief en grotendeels onbewust, maar het klaart meestal de klus, omdat de dingen waarmee we geconfronteerd worden over het algemeen eenvoudige situaties zijn waarvoor we niet naar Systeem 2 hoeven over te schakelen. Systeem 1 bestaat in wezen uit aangeboren menselijke capaciteiten die bijna iedereen deelt en enkele aangeleerde basisvaardigheden, zoals associaties tussen ideeën, lezen, de kwaliteit om te nuanceren, enz. Deze kennis wordt door mensen opgeslagen en gebruikt zonder intentie of inspanning.

- **Systeem 2:** dit omvat handelingen die *bewust worden* uitgevoerd: "De zeer diverse operaties van Systeem 2 hebben één kenmerk gemeen: ze vereisen aandacht en worden verstoord wanneer de aandacht wordt weggetrokken" (p. 22). Hier worden mensen geconfronteerd met een afweging: de hoeveelheid aandacht die beschikbaar is, is beperkt en dus kunnen we ons op elk moment slechts op een klein aantal zaken concentreren. Dit leidt ertoe dat we naar sommige dingen kijken en andere verwaarlozen. Het canonieke onderzoek dat in het boek wordt genoemd is het experiment waarbij mensen wordt verteld zich te concentreren op een van de twee groepen mensen in een video. Terwijl ze dit doen, komt er een man in een apenpak door het beeld. De meeste mensen zijn zich niet bewust van de passerende aap, omdat ze al hun beschikbare aandacht besteden aan één bepaalde groep en daarbij andere dingen uitfaseren.

- **Prospecttheorie:** het theoretische keuzekader dat Kahneman en Tversky ontwikkelden om te verklaren hoe mensen in het echte leven kiezen, in tegenstelling tot de abstracties die bijvoorbeeld in de neoklassieke economie worden gebruikt.

- **Heuristiek:** mentale snelkoppelingen die mensen gebruiken om over bepaalde onderwerpen een beslissing te nemen zonder te beschikken over de informatie die nodig is om een volledig geïnformeerde beslissing te nemen. Deze heuristieken kunnen zowel positief als negatief zijn, omdat ze gebaseerd kunnen zijn op de beste beschikbare informatie, wat een betrouwbare proxy is, of ze kunnen de zaak vertekenen door een verkeerde voorstelling van toeval, causaliteit, enz. te geven.

VERDER LEZEN

BIBLIOGRAFIE

Kahneman, D. (2011) *Thinking, Fast and Slow*. New York: Penguin.

AANVULLENDE BRONNEN

Glorieux, D. (2019) *Boekbespreking: Nudge door Richard H. Thaler en Cass S. Sunstein*. Brussel: Plurilingua Publishing.

Kahneman, D. & Tversky, A. (1979) Prospect Theory: Een analyse van besluitvorming onder risico. *Econometrica*. 47(2), pp. 263-292.

Shleifer, A. (2012) Psychologen aan de poort: Een bespreking van Daniel Kahnemans *Denken, snel en langzaam*. *Tijdschrift voor Economische Literatuur*. 50(4), pp. 1-12.

Simon, H. (1955) A Behavioral Model of Rational Choice. *The Quarterly Journal of Economics*. 69(1), pp. 99-118.

Thaler, R. & Sunstein, C. (2009) *Nudge: Betere beslissingen over gezondheid, rijkdom en geluk*. New York: Penguin.

Tversky, A. & Kahneman, D. (1974) Judgment under uncertainty: Heuristics and biases. *Science*. 185(4157), pp. 1124-1131.

Tversky, A. & Kahneman, D. (1973) Beschikbaarheid: Een heuristiek voor het beoordelen van frequentie en waarschijnlijkheid. *Cognitieve psychologie*. 5, pp. 207-232.

We horen graag van u! Laat
een reactie achter op jouw online bibliotheek
en deel je favoriete boeken op sociale media!

50MINUTES.com
MASLOW'S HIERARCHY OF NEEDS
Gain vital insights into how to motivate people
Personal accomplishment
Esteem
Belonging
Security
Physiologic
THE SWOT ANALYSIS
Internal factors
Strengths
Weaknesses
SWOT
Opportunities
Threats
External factors

De uitgever garandeert de betrouwbaarheid van de gepubliceerde informatie, die echter niet onder zijn verantwoordelijkheid valt.

Master ISBN: 9782808064026
Papier ISBN: 9782808064316
Wettelijk depot: D/2022/12603/76

Digitaal ontwerp: Primento,
de digitale partner van uitgevers.